MES COLORIAGES ENCHANTEURS

Chats

Direction éditoriale : Hélène Tellier
Coordination éditoriale : Marion Balbarie
Suivi éditorial : Marine Cornaire
PAO : Laurianne Verot
Photogravure : Bertrand Desboudard

ISBN : 978-2-8160-2071-7
Dépôt légal : janvier 2023
Achevé d'imprimer : septembre 2022
Imprimé en France par Decombat

MES COLORIAGES ENCHANTEURS

Chats

ARTÉMIS
ÉDITIONS

« Le chat est à nos côtés le souvenir chaud, poilu, moustachu et ronronnant d'un Paradis Perdu. »

Léonor Fini

« *Dieu a inventé le chat pour que l'homme ait un tigre à caresser chez lui.* »

Victor Hugo

« Lorsqu'un chat accorde sa confiance à un homme, c'est sa plus belle offrande. »

Charles Darwin

« *Un chat peut être pardonné de tout s'il ronronne.* »

Donna McCrohan

« *On ne choisit jamais un chat,*
c'est lui qui vous choisit. »

Philippe Ragueneau

« *Les chats sont les gardiens de nos silences.* »

Marcel Ohayon

« *Vous ne connaîtrez jamais autant votre chat que votre chat vous connaîtra.* »

Montaigne

« Chat gourmand rend
la cuisinière avisée. »

Proverbe Occitan

« Le chat signe chacune de ses pensées avec sa queue. »

Ramon Gomez de la Serna

« Le temps passé avec un chat
n'est jamais perdu. »

Colette

« *Il y a deux moyens d'oublier les tracas de la vie : la musique et les chats.* »

Albert Schweitzer

« Le plus petit des félins
est une œuvre d'art. »

Leonard De Vinci

« *Les chats sont mystérieux ; il se passe plus de chose dans ces têtes que l'on ne pourrait jamais imaginer.* »

Walter Scott

« Les rêves d'un chat
sont peuplés de souris. »

Proverbe libanais

« Chat qui dort ne chasse pas. »

Proverbe indien

« *Une maison sans chat est
un aquarium sans poisson.* »

Jean-Louis Hue

« *Petit à petit, les chats deviennent l'âme de la maison.* »

Jean Cocteau

« Les jours se suivent, le chat s'étire. »

Marcel Ohayon

« Les chats sont malins
et conscients de l'être. »

Tomi Ungerer

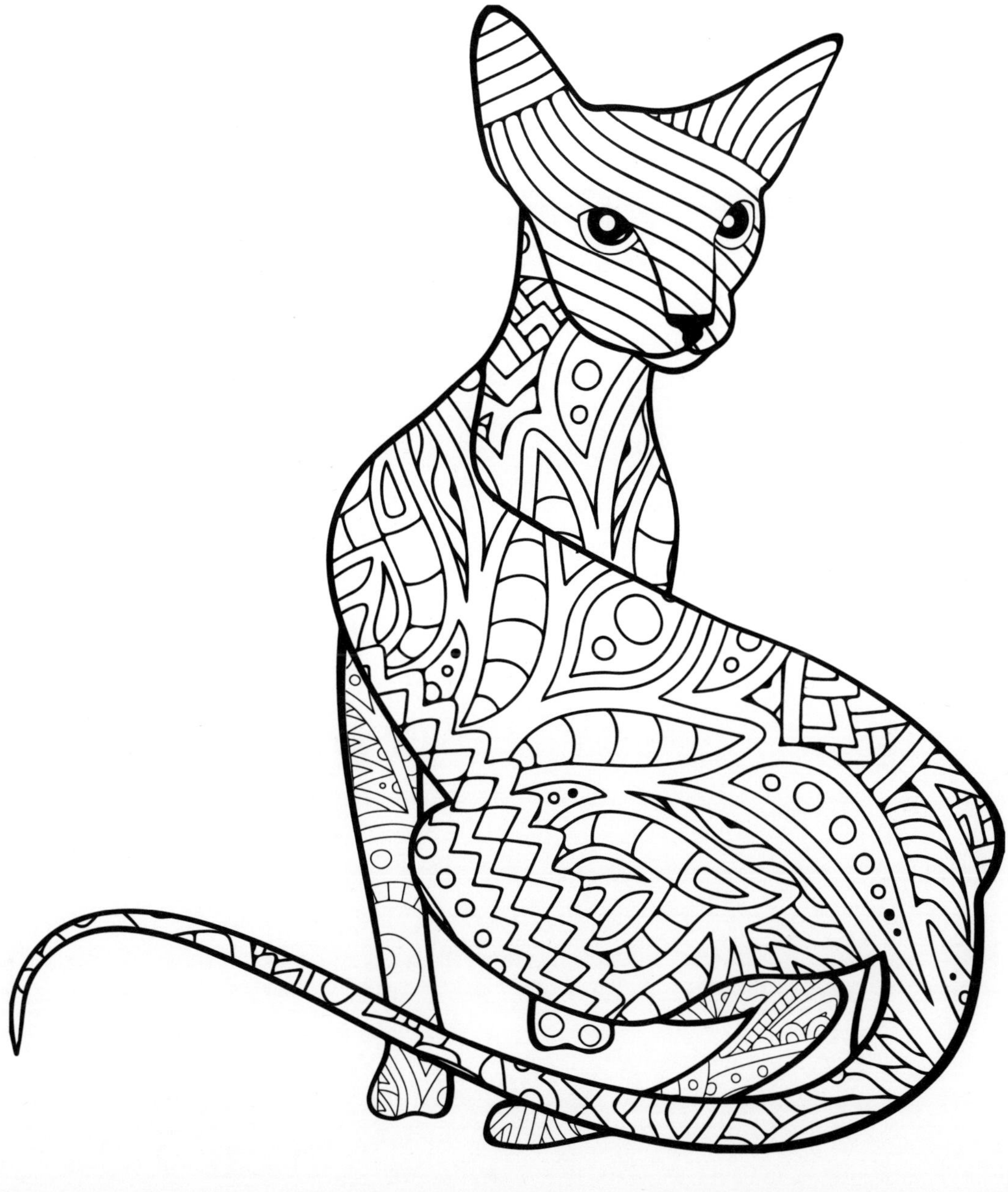

« De tous les animaux, seul le chat atteint une vie contemplative. »

Andrew Lang

« *L'idéal du calme est dans un chat assis.* »

Jules Renard

« Le chat ne nous caresse pas,
il se caresse à nous. »

Antoine de Rivarol

« *Ma peine sera terminée lorsque*
je trouverai un chat pour compagnon. »

Ahmad Ibn Faris

« *À fréquenter les chats,*
on ne risque que de s'enrichir. »

Colette

« Quel plus beau cadeau
que l'amour d'un chat ? »

Charles Dickens

« Les chats apaisent l'âme. Un chat n'a aucun souci, parce qu'il pense de manière intuitive. »

Pal Gerhard Olsen

« Les chats craignent l'eau, c'est pourquoi ils préfèrent prendre des bains de soleil. »

Léo Campion

« *La clé d'une relation réussie entre le chat et l'homme est la patience.* »

Susan Easterly

« La littérature est du côté des chats. »

Bernard Pivot

« *Le chat n'est pas tenu de vivre selon les lois du lion.* »

Baruch Spinoza

Crédits photographiques

Shutterstock.com – CNuisin : couverture ; Darkness222 : 11 ; kazisuyebahmed : 15, 27, 31, 51, 55, 59, 61, 63 ; Keiti : 5, 13, 37 ; LUCKY_CAT : 9, 17, 45 ; lunokot : couverture ; Mandala_Art : 41 ; Nmonicas : 7 ; s studio : 25, 29, 33, 49, 53, 57 ; Sadit Wiz741 : 19, 23, 35, 39, 43, 47 ; samui : couverture ; suesse : couverture ; SunnyColoring : 21.

PEFC
10-31-3162
PEFC recyclé
Ce produit est issu de sources recyclées et contrôlées.
pefc-france.org